Frédéric Mercey

La Galerie royale de Turin

Beaux-Arts

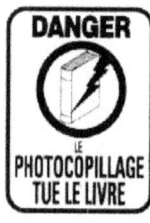 Le code de la propriété intellectuelle du 1er juillet 1992 interdit en effet expressément la photocopie à usage collectif sans autorisation des ayants droit. Or, cette pratique s'est généralisée dans les établissements d'enseignement supérieur, provoquant une baisse brutale des achats de livres et de revues, au point que la possibilité même pour les auteurs de créer des œuvres nouvelles et de les faire éditer correctement est aujourd'hui menacée. En application de la loi du 11 mars 1957, il est interdit de reproduire intégralement ou partiellement le présent ouvrage, sur quelque support que ce soit, sans autorisation de l'Éditeur ou du Centre Français d'Exploitation du Droit de Copie , 20, rue Grands Augustins, 75006 Paris.

ISBN : 978-1725608849

10 9 8 7 6 5 4 3 2 1

Frédéric Mercey

La Galerie royale de Turin

Beaux-Arts

Table de Matières

La Galerie royale de Turin   7

La Galerie royale de Turin [1]

Quand on arrive de France, et que l'on vient de traverser les Alpes de la Savoie, Turin semble une ville italienne ; quand on revient de Naples ou de Rome, on se croirait dans une ville française. Turin, la plus petite des capitales, est peut-être la plus propre et la plus régulière des villes. La plupart de ses rues sont tracées au cordeau et décorées de chaque côté d'édifices semblables. Quelques-unes sont même bordées d'une double rangée de portiques à arcades. Comme la température y a quelque chose de la vivacité et de la crudité alpestres, on pourrait se croire à Berne, ville des portiques par excellence ; mais bientôt les riches uniformes, le bruit des voitures et des chevaux, et, s'il faut tout dire, l'aspect misérable d'une partie de la population qui afflue sous ces portiques, nous reportent de la capitale des vingt-deux cantons en pleine monarchie. Turin est le siège d'une cour, et, à en juger du moins par les dehors, d'une cour militaire. Le luxe des uniformes est celui qui domine avant tout. Ce luxe a envahi de nos jours les deux extrémités de la péninsule italique, Naples et Turin. A Naples, cette pompe est quelque peu théâtrale ; à Turin, elle est plus sérieuse. Cette ville tient en effet les clés de l'Italie du côté où ses portes ont besoin d'être le mieux fermées. Du haut des remparts, on aperçoit à l'horizon les neiges du Saint-Bernard, les hauteurs de Montenotte et de Millesimo, et la plaine de Marengo.

C'est à cette position frontière, et toujours menacée, que les Piémontais attribuent l'infériorité de leurs artistes comparés à ceux des autres états de l'Italie. Leurs princes, sentinelles avancées du Midi, ont toujours été trop occupés de défendre leur pays contre les invasions de l'étranger pour songer à ce qui pouvait l'orner. L'entretien d'armées considérables et de places fortes importantes épuisait leurs trésors. Si quelqu'un d'entre eux venait à encourager les arts, c'était dans de courtes périodes de repos, quand une trêve ou un traité de paix leur permettait de déposer l'épée. Dans un état républicain comme Athènes, Florence, ou la Hollande, les arts peuvent fleurir au milieu des troubles et en des temps de luttes et de guerres continuelles, chaque citoyen ne comptant que

---

[1] *La Reale Galleria di Torino*, illustrata da Roberto d'Azeglio ; Torino, stabilmento tipografico di Alessandro Fontana ; 1836-1841.

sur soi ou sur ses égaux. Dans une monarchie absolue, c'est bien différent. Les encouragements et les récompenses découlent d'une seule main, de la main du souverain. Que le souverain soit distrait par la nécessité de veiller au salut de l'état, que sa main se ferme, le travail et l'encouragement manquent à la fois à l'artiste, et l'art dépérit et meurt. En revanche, sous un prince homme de goût et judicieusement magnifique, combien l'unité n'enfante-t-elle pas de merveilles ! Celui qui est fort de la force de la nation, riche de sa richesse, peut toujours de grandes choses. Il n'a qu'à vouloir et à savoir. Nous ne doutons pas que les princes piémontais n'aient souvent voulu, mais rarement ils ont su, et plus rarement encore ils ont pu.

La peinture a été cultivée de temps immémorial en Piémont, mais presque toujours par des peintres venus du dehors. Il n'y a jamais eu d'école piémontaise proprement dite, et même, à l'exception du mystique Gaudenzio Ferrari, le Piémont n'a jamais eu de peintre du premier ordre.

Les artistes de talent qui travaillaient pour les princes piémontais dans les courts intervalles de paix dont jouissait le pays, furent presque tous étrangers. Rarement ils entreprenaient la décoration d'un édifice, la peinture d'une coupole : c'eût été trop dispendieux ; le temps d'achever un ouvrage de longue haleine leur eût d'ailleurs manqué. Ils terminaient dans leur atelier une statue ou un tableau, et ils l'envoyaient au prince qui les leur avait commandés. Il ne faut donc pas s'étonner si le Piémont, n'ayant jamais été la patrie des artistes, a cependant de fort belles collections de tableaux.

De toutes ces collections, la nouvelle pinacothèque du château, dite la Galerie royale (*Reale Galleria*), est la plus magnifique ; on y trouve en grand nombre des tableaux des diverses écoles italiennes, des écoles allemandes et françaises, et particulièrement de l'école hollandaise. Avant la formation de ce musée, Lanzi faisait déjà remarquer, à juste titre, que les palais des princes piémontais, que décoraient une foule de médiocres tableaux italiens, renfermaient plus de tableaux flamands du premier ordre qu'aucune autre habitation royale.

Ce sont les meilleurs tableaux disséminés dans ces divers palais et dans les collections de Gênes, qui appartenaient à l'état, qu'on a réunis dans le *Castello Reale*. Le prince actuel s'est, dans cette occasion, montré vraiment libéral ; il a voulu faire jouir plus facilement la nation des richesses accumulées à la longue par ses ancêtres ; il a généreusement dépouillé ses collections privées, et il a formé la Galerie royale, qu'il a ouverte au public. La Galerie royale prend désormais place au nombre des premières collections européennes du même genre.

On a prétendu qu'en formant ce riche musée, le monarque piémontais s'était proposé un autre but ; qu'il ne voulait pas seulement donner de stériles jouissances au public, qu'il voulait encore ressusciter l'art, présenter à ceux qui le cultivaient un modèle permanent de perfection, et, comme disent messieurs les écrivains piémontais initiés à ses projets, charger ces grands maîtres des vieilles écoles d'un muet et perpétuel enseignement. Nous doutons fort que ce but soit jamais atteint. *Nil facies invitâ Minervâ*, c'est-à-dire, dans ce style mythologique un peu passé de mode, que la sévère déesse est jalouse de Mars, et qu'elle tourne le dos aux adorateurs de Plutus. Je ne crois guère, pour ma part, à ces végétations artificielles, ou, si l'on aime mieux, à cette puissance du galvanisme appliqué aux arts.

C'est encore la prétention de ressusciter l'art, ou tout au moins d'en être le restaurateur, qui a engagé M. R. d'Azeglio, auteur d'un roman estimé de ses compatriotes, et de tableaux dont quelques-uns ont paru dans nos expositions d'une manière honorable, à publier une description de la Galerie royale de Turin, accompagnée de planches gravées par les meilleurs artistes de l'Italie moderne ; car, si cette terre inépuisable n'a plus de grands peintres, elle a encore d'excellents dessinateurs et des graveurs d'une incontestable habileté. Dans ce nombre, et comme ayant concouru l'illustration du texte de M. R. d'Azeglio, nous citerons M. Anderloni, directeur de l'école de gravure de Milan ; MM. Michel Bisi et Samuel Jesi, les continuateurs les plus renommés de Longhi ; le chevalier Lazinio, sous la direction duquel a été publié en Toscane un des plus remarquables ouvrages sur l'Égypte, et enfin MM. Palmieri, Penfolli, Rosaspina, Metalli, Balbi et Toschi, dont nous avons eu occasion d'admirer à Paris les ouvrages si savamment exécutés. Quatre volumes in-folio de cette collection, qui doit en comprendre huit, ont déjà paru. Au point de vue de l'art, ce grand travail est loin d'être sans valeur ; sous le rapport de la perfection typographique, nous le recommanderons comme un modèle à ces éditeurs, par trop dédaigneux de leur propre gloire et de la dignité nationale, qui chez nous ont exploité et dégoûté le public. En Italie, l'éditeur, comme le poète et le savant, ont encore de la conscience ; l'amour-propre du métier leur tient du moins lieu de génie ; chacun d'eux, dans son genre, travaille avec amour et bonne foi. Cette rare probité, qui découle sans doute du sentiment du beau, naturel aux habitants de ce pays si favorisé de la nature, est souvent poussée à un point où par son excès même elle devient un défaut. Si l'assertion qui précède avait besoin d'une preuve, le texte de M. R. d'Azeglio nous la donnerait aussitôt. Le louable désir de bien faire l'a poussé à trop faire : voulant ne rien omettre, il est souvent tombé dans la prolixité et les redites. M. d'Azeglio abuse aussi parfois de l'érudition. Était-il bien nécessaire, en effet, à propos de quelques tableaux des plus obscurs des diverses écoles de l'Italie ou de l'Allemagne, de refaire l'historique de ces écoles ? Cet abus d'érudition, ce désir de montrer à tout propos ce qu'on sait, précipite trop souvent dans le pédantisme les écrivains italiens les plus estimables. A quoi bon citer Pétrarque, Tyrtée, Thompson et Beccaria, à propos d'un tableau de Carlo Dolci ? Et lorsque, dans une page, nous voyons entasser les noms de Velleius Paterculus, d'Eschyle, de Sophocle, d'Euripide, de Cratinus, d'Aristophane, de Ménandre, de Philémon, de Platon, d'Aristote, de Gorgias, d'Isocrate, de Démosthènes, de Pacuvius, de Cicéron, de Térence et de vingt autres, nous douterions-nous jamais qu'il fût question d'un tableau de Both d'Italie ? Le régime politique dont jouissent les littérateurs italiens leur laisse le loisir dont nous manquons ; le journalisme ne les absorbe pas comme ailleurs, ils ont du temps de trop, et l'on s'en aperçoit.

La Galerie royale de Turin comprend environ cinq cents tableaux ; l'école italienne y domine du moins par le nombre ; plusieurs des plus grands peintres de l'Italie n'y sont cependant pas représentés. On n'y voit ni Raphaël, ni Corrège, ni Michel-Ange, ni Titien du premier ordre. Paul Véronèse, Palma Vecchiû, Giorgione, Guido Reni, Guerchin, Francia, l'Albane, le Dominiquin, le Bronzino et Daniel de Crespi, servent de lieutenants à ces princes de l'art, et les remplacent assez dignement.

La Galerie royale de Turin

Les maîtres hollandais et allemands y sont plus au complet que les maîtres italiens, et l'emportent sur eux par la qualité. On y voit des Gérard Dow d'un mérite supérieur, des Teniers de la plus grande beauté, des Van-Dyck, des Rubens et des Rembrandt du plus beau choix, des Ostade, des Berghem, des Mieris, des Breughel et des Wouwermans excellents. Les tableaux de ce dernier peintre sont d'autant plus remarquables qu'ils représentent une action. Albert Durer, Aldegraver, Holbein et Netscher soutiennent l'honneur de l'école allemande. L'école française enfin est représentée par Nicolas Poussin, Claude Lorrain et Vernet ; le beau portrait du roi actuel de Piémont, que ce dernier a peint il y a une quinzaine d'années, figure dans cette collection ; il doit être gravé par Toschi.

Nous prédisions naguère la résurrection de l'école italienne, que l'école de David et l'école hispano-anglaise, qui domine encore, se sont flattées tour à tour d'avoir enterrée. La persistance de quelques fidèles, et cette qualité spéciale qui distingue chacun, des grands maîtres de cette école, la poésie, ont précipité cette inévitable réaction. La compression avait été trop forte pour que, dans le principe, l'intolérance ne signalât pas les apôtres de la nouvelle doctrine ; leurs chefs les plus ardents sont même tombés dans l'absurde ; ils ont déparé le but qu'ils voulaient atteindre. Au lieu de s'arrêter par-delà les Alpes, ils ont traversé les mers et sont retournés tout droit à Byzance ; ils n'ont vu de naturel que dans la pauvreté, de profondeur de pensée que dans l'exagération de la simplicité et la naïveté outrée ; ne s'arrêtant plus à Raphaël ni même au Pérugin, ils sont remontés à Giotto, à Cimabuë et aux peintres grecs. Puis la réflexion est venue ; les moins opiniâtres, c'est-à-dire les plus sages, se sont amendés ; ils ont consenti à chercher le beau, non plus seulement dans une seule ligne, mais partout où il existait, même chez Corrège, les Carraches, Paul Véronèse, le Titien et d'autres peintres de la troisième époque de l'art. Aujourd'hui la réhabilitation de ces maîtres est complète ; on peut citer leurs noms, vanter même leurs qualités, sans craindre l'anathème de ces enthousiastes des premiers temps de l'art.

Gaudenzio Ferrari, le seul grand peintre qu'ait peut-être produit le Piémont, avait trouvé grâce devant les plus fanatiques des adeptes de la nouvelle doctrine, même avant qu'ils fussent venus à résipiscence. Gaudenzio avait ce qu'il fallait pour se faire pardonner son titre de peintre de la seconde époque. Élève du Pinturrichio et ami de Raphaël, qu'il avait aidé dans la décoration des *stanze* du Vatican, il s'était plus tard retiré dans son pays natal, et avait continué à Verceil la manière du Pinturrichio, cet aimable peintre des fresques de Sienne. Son style calme et plein d'une grandeur naïve, loin d'être primitif, est plutôt une sorte de combinaison du style de Léonard de Vinci et de celui des maîtres que nous venons de citer. Romain par le caractère de ses têtes, Lombard par le fini et la délicatesse de ses extrémités, son dessin a toute la savante naïveté, souvent même la maigreur étudiée des artistes florentins de la première époque. A l'instar des prédécesseurs de Ghirlandajo, il aimait à envelopper les extrémités inférieures de ses personnages d'amples vêtements qui les cachaient souvent entièrement. Toutes ces belles qualités brillent dans son tableau de *la Déposition de Croix*, le plus éminent peut-être de la Galerie royale, et ces rares imperfections s'y retrouvent également. On y reconnaît avant tout l'œuvre d'un peintre sincèrement religieux, d'un de ces artistes dont le crayon fixait sur la toile les pieuses méditations, dont la foi guidait le pinceau, et auxquels de mystiques révélations tenaient lieu de l'inspiration profane. En étudiant ses ouvrages, on n'est nullement surpris que ses contemporains l'aient proclamé *pieux* par excellence.[1]

La jeune école italienne contemporaine, poétique et philosophique, a tenté la rénovation du sentiment religieux. Les chefs littéraires de l'école lombarde et leurs lieutenants piémontais, tels que M. d'Azeglio et autres, se sont mis à la tête du mouvement ; nous les croyons de bonne foi, d'autant plus que, non contents de prêcher et de professer comme nos écrivains religieux du commencement du siècle et nos journalistes religieux d'aujourd'hui, ces messieurs pratiquent. Mais leur exemple même, loin de justifier leur théorie, tendrait à la détruire. Quels chefs-d'œuvre ont produits ces fidèles croyants ? Si l'on excepte les hymnes sacrés de M. Manzoni, la littérature peut-elle se glorifier de compositions du premier ordre ? La peinture, dans ces provinces du nord de l'Italie, s'est-elle relevée de sa complète décadence ? Sabatelli seul promettait un grand peintre, mais Sabatelli, même dans ses compositions

---

1 Gaudentius noster in iis (artibus) plurimum laudatus opere quidem eximio, sed magis EXIMIE PIUS. (Episc. odesc. synod.)

mystiques sur l'Apocalypse, est plutôt un peintre fantastique qu'un peintre religieux ; il manque de simplicité, de profondeur et surtout d'onction. Canova, qui certes fut animé toute sa vie d'un autre sentiment que le sentiment religieux, a-t-il un successeur ? Les sculpteurs de l'école religieuse, comme les peintres, sont maniérés quand ils veulent être profonds, affectés quand ils veulent être savants, pauvres de forme et ridicules d'expression quand ils veulent être simples et naïfs. Ils ont la foi sans doute, mais la foi stérile, la foi *sans les autres*, sous le rapport de l'art du moins.

Les chefs du mouvement religieux ont néanmoins toute l'intolérance de nouveaux convertis. M. R. d'Azeglio, homme d'intelligence et d'imagination, qui obéit plutôt à l'impulsion donnée qu'il ne cherche à l'activer, n'échappe pas toujours à l'influence de cette sorte d'esprit de secte, fâcheux surtout dans la critique, à laquelle il enlève ce caractère de souveraine indépendance, de haute et impartiale équité, qui seul peut donner de l'autorité à ses jugements. Fallait-il, par exemple, faire une si terrible querelle au malheureux Lomazzo, cet estimable historiographe de l'art, parce qu'il attribue à la manière large et toute nouvelle avec laquelle Gaudenzio éclaire ses tableaux, le caractère de placidité religieuse et en quelque sorte de sainteté dont ils sont empreints ? Lomazzo, dans cette circonstance, n'a qu'un tort, c'est d'attribuer ces grands résultats à cette seule cause ; mais il n'est pas moins vrai que cette lumière large et calme, que Gaudenzio a répandue sur le tableau de *la Déposition de Croix*, est pour beaucoup dans l'effet sublime de son œuvre. Qu'on l'éclaire différemment, et cet effet est détruit, quoique cependant l'expression de chaque personnage reste la même. C'est peut-être là un raisonnement d'ouvrier (*artigiano argomento*) ; néanmoins nous différons complètement d'avis sur ce point avec M. d'Azeglio, nous croyons que certaine disposition de la lumière, et par conséquent de la *matière*, peut contribuer à faire naître dans l'âme du spectateur les mouvements les plus compliqués. Le sublime ne sort pas tout armé du cerveau du poète et du peintre : une forme plus ou moins heureuse, une épithète pittoresque, un coup de pinceau vigoureux, une certaine combinaison de la lumière, tous moyens mécaniques, il est vrai, concourent à sa composition. Dussions-nous être accusé de matérialisme comme l'innocent Lomazzo, nous ne cacherons pas que telle est notre opinion.

S'il y eut jamais un grand et beau sujet de tableau, c'est celui de la déposition de croix, cette dernière scène de la sublime tragédie de la passion, qui résume en un seul instant toutes les douleurs physiques de l'homme-dieu, toutes les douleurs morales de ces cœurs tendres qui se réunissent pour rendre de pieux et derniers devoirs à l'adorable maître qu'ils ont tant aimé, et qui pleurent ensemble sur cette dépouille mortelle qu'il leur a laissée : la Vierge, la Madeleine, la mère des fils de Zébédée, Joseph d'Arimathie, le disciple secret et timide, qui du moins a le courage d'honorer mort celui que, vivant, il eût peut-être renié, comme saint Pierre.

Au point de vue humain, une telle scène renferme un degré de pathétique suffisant pour toucher tous les cœurs. Qui de nous n'a pleuré un ami ? qui de nous n'a été témoin de la douleur d'une mère, cette douleur qui anéantit toutes les autres ? Au point de vue religieux, cette scène devient sublime ; toutes ces douleurs changent de caractère. Cette mère pleure, mais elle pleure un Dieu, et son regard, son attitude toute maternelle, sont saintement résignés. Ces hommes et ces femmes sont affligés, ils ont perdu celui qu'ils aimaient par-dessus tout, mais leur confiance survit à sa mort. Loin d'eux la pensée de le regarder comme un imposteur qui les a trompés. Ils l'ont vu battre de verges, et ils sont prêts à le glorifier ; ils l'ont vu crucifier, et ils croient toujours en lui ; ils l'assistent mort, et, s'il le faut, ils mourront comme lui et pour lui.

La composition de Gaudenzio Ferrari est fort simple. Au centre du tableau on voit le Christ soutenu par sa mère, qui attache ses yeux et tout son visage fatigué par la douleur (car tout son visage a pleuré) sur le visage calme et sublime de son fils ; le tenant dans son giron, comme la mère tient son enfant, une main passée sous le bras droit, que soutient affectueusement une des saintes femmes, les doigts entrelacés dans ses doigts, l'autre main à la hauteur des genoux et les rapprochant. A la droite du Christ et de sa mère, et dans l'angle gauche du tableau, la sainte femme qui tient la main de la Vierge semble plongée dans toute la stupéfaction de la douleur, et serre affectueusement contre sa joue ce bras qu'elle soutient. A la gauche du Christ, un de ses disciples debout, enveloppé d'une robe aux larges plis, contemple tristement le visage de son Seigneur bien-aimé, écartant machinalement les bras qui pendent, entr'ouvrant les mains, et faisant ainsi ce geste de résignation commun à tous les hommes. A côté de ce disciple, et tout-à-fait sur le premier plan du tableau, la Madeleine agenouillée a saisi les pieds du Christ, qu'elle appuie contre sa joue avec le mouvement passionné et caressant d'une femme qui a beaucoup aimé. Des larmes coulent de ses yeux baissés ; ses beaux cheveux, qui déjà ont essuyé les pieds du Christ, et qui, aujourd'hui, étanchent l'eau et le sang qui coulent de ses blessures, ondoient richement sur ses épaules. Il est impossible d'imaginer une plus charmante et plus touchante attitude, de plus délicieuses mains, une plus magnifique chevelure que celles de la sainte, et de plus beaux pieds que ceux du Christ. Ces pieds sont, chose singulière ! les seuls que l'on voie dans cette composition, qui ne renferme pas moins de douze personnages sur les premiers plans. Gaudenzio Ferrari, fidèle aux doctrines des écoles primitives, a soigneusement enveloppé d'amples draperies les extrémités inférieures de la Vierge et des saintes femmes qui l'entourent. En arrière du groupe formé par le Christ, la Vierge, les femmes et le disciple en contemplation, de saints personnages se tiennent dans diverses attitudes, pleurant l'homme-Dieu, et tous les yeux attachés sur son beau corps. La tête du Christ est belle, sereine ; c'est bien la tête divine du rédempteur. L'étude du torse est savante. Gaudenzio Ferrari était un peintre naturaliste. Ce ne sont pas là les courbes pleines et un peu conventionnelles de l'antique, ce ne sont pas non plus les formes maigres et pauvres des écoles primitives. Les jambes et les pieds sont magnifiques, les mains bien souples, bien mortes, mais toujours belles ; en général, les extrémités sont traitées avec cette rare perfection qui n'appartient qu'aux grands maîtres. — Les fonds du tableau sont tout-à-fait dans le style de Léonard de Vinci. Ce sont, à peu de distance, vers la droite, de grandes masses de rochers coupées à pans, dans l'épaisseur desquelles le sépulcre est ouvert ; à gauche s'arrondissent des bouquets d'arbres d'un vert vigoureux, et à l'horizon se dressent de hautes montagnes. Sur le contrefort d'une de ces montagnes, on aperçoit les trois croix, et à l'entour de la plate-forme du rocher où on les a plantées, circulent indifféremment des cavaliers et des soldats. — Par une sorte d'anachronisme commun aux peintres de cette époque, Gaudenzio Ferrari a placé au nombre des spectateurs de cette scène de douleur saint Antoine abbé et saint Jérôme. Ces artistes dévots commettaient volontiers ces anachronismes, qu'on peut dire prémédités. Ils croyaient, de cette façon, s'attirer la faveur de leurs saints patrons, qu'ils plaçaient en si bonne compagnie.

Nous ne devons pas être surpris si des enthousiastes du talent de Gaudenzio Ferrari, et dans le nombre Paolo Lomazzo et Lanzi, ont placé ce peintre sur la même ligne que Raphaël, tant pour la science du dessin, le charme de l'exécution, que pour l'énergie sublime de l'expression. Lomazzo va même plus loin encore ; il déclare Gaudenzio Ferrari l'un des sept premiers artistes qui aient jamais paru. Quel que soit le rang que ce peintre occupe, ce tableau est sans aucun doute son chef-d'œuvre, et peut-être le seul chef-d'œuvre qu'il ait produit. La plupart des autres ouvrages sortis de son atelier, que nous avons fréquemment rencontrés dans les églises de Verceil et des bourgades du littoral du lac Majeur et du lac de Côme, sont inférieurs de beaucoup à son tableau de *la Déposition*. Comme tant d'autres artistes, il a eu une belle idée et un jour heureux. *La Déposition de Croix* est pour Gaudenzio Ferrari ce qu'est pour le Dominiquin *la Communion de saint Jérôme*, et *sainte Pétronille* pour le Guerchin.

Nous serions injuste cependant de borner à un seul le nombre des chefs-d'œuvre de ce dernier peintre ; son *Enfant prodigue* de la galerie de Turin est un fort beau tableau, d'une grande hardiesse de composition et de dessin, et d'une singulière vigueur de coloris. On voit ce tableau avec plaisir, même lorsque, l'on a pu admirer le chef-d'œuvre de Murillo, qui faisait partie de la galerie du maréchal Soult. Le père, qui est accouru sur le seuil pour accueillir son enfant, n'a pas dans le tableau du Guerchin la même tendresse que chez Murillo. Ses bras n'enveloppent pas avec le même amour le fils repentant ; ils s'ouvrent cependant, et ce personnage, malheureusement chargé de lourdes draperies, ne manque pas d'une sorte d'élan tout paternel. La figure du fils prosterné, que la misère et le repentir accablent, est fort heureuse. Il a jeté le bâton à l'aide duquel il s'est traîné jusqu'au seuil paternel, il joint les mains et rejette sa tête en arrière. On ne voit pas son visage. Dans le fond du tableau, sur un balcon supporté par des portiques décorés de pilastres d'ordre corinthien, des musiciens accordent leurs instruments, sans doute pour fêter la bienvenue du fils prodigue. Sur un plan plus rapproché, le fils cadet, qui descend de cheval, écoute le récit que lui fait un valet du retour de son frère. Ce tableau, d'un effet vraiment magique, est de la troisième manière du Guerchin, lorsque ce peintre naturaliste, fatigué de l'imitation du Caravage et des Vénitiens, se rapprochait du Guide. La lumière que prodigue ce dernier peintre est venue heureusement adoucir les ombres ténébreuses du Caravage, sans diminuer en rien la puissance de l'effet. La volonté seule a manqué au Guerchin ; cet infatigable travailleur, pour être un grand peintre, n'a pas secoué avec assez d'énergie le joug de l'imitation. Au lieu de se mettre à la suite de l'Amerighi et du Caravage, puis des Vénitiens et enfin du Guide, que n'a-t-il franchement tenté d'être lui-même ? Dans ce tableau de l'*Enfant prodigue* par exemple, la figure principale de l'enfant est toute à lui, et c'est un chef-d'œuvre. Impossible d'imaginer un gueux plus touchant et plus noble dans son abaissement. Si l'on s'occupe des détails matériels de la composition, quelle science d'anatomie dans les attaches des jambes et dans le dos entrevu dans la demi-teinte ! Le fond du tableau, trop évidemment emprunté à Paul Véronèse, et ce valet du second plan, qu'on croirait du Titien, sont les parties les plus faibles de cette composition, dont elles détruisent d'ailleurs l'unité.

Le Guerchin n'en fut pas moins un des plus grands peintres du second ordre. Sa manière était large et fière ; il savait donner du caractère et de l'expression à ses personnages, de la profondeur au théâtre choisi, de la pompe au costume, de l'intérêt aux accessoires. On rencontre dans ses ouvrages de ces grands *partis pris* de lumière, de ces larges et puissantes demi-teintes, repos qui plaisent à l'œil et le soulagent. Son coloris est solide et plein d'éclat. Sa science de l'effet arrachait au Guide, son rival, qui venait de voir un de ses derniers ouvrages, ce cri d'admiration qui part d'un cœur généreux et vivement touché par le beau : « Vite ! vite ! s'écriait-il en rentrant dans son atelier et en s'adressant à ses élèves ; laissez tout cela, prenez vos chapeaux, accourez tous, et venez voir comment on doit employer la couleur. »

Qu'eût dit le Guide de Rubens, s'il eût vu ses tableaux de *la Sainte-Famille*, de *l'Incrédulité de saint Thomas*, mais surtout le portrait d'un personnage inconnu, qui font partie de la galerie de Turin ? Ce dernier morceau est l'un des ouvrages du grand peintre flamand les plus complets et les plus saisissants que nous connaissions. Il n'y a là ni fracas de couleur comme dans ses grandes compositions, ni tumulte de dessin comme dans ses passes d'armes et ses chasses ; rien de ce qui impose à la foule et la séduit. On ne voit qu'un homme debout, la main droite sur la hanche, et tenant une cravache de la main gauche. Mais quelle énergie dans cette pose et quel caractère dans toute cette figure ! C'est un homme de haute stature, la tête couverte d'un large feutre, le cou entouré d'une collerette de dentelles magnifiques. Il porte la cuirasse ; c'est un guerrier, un cavalier dont le regard a toute l'audace, toute l'insolence de l'époque. Ce personnage est vivant ; la lumière chatoie admirablement sur cette tête haute, et ruisselle sur la cuirasse. Il faut être coloriste comme Rubens pour intéresser à ce point avec un simple personnage. C'est bien à tort néanmoins que l'on attribue au seul coloris de ce grand peintre le merveilleux effet de la plupart de ses compositions. Quelque paradoxal que cela puisse paraître, nous n'hésiterons pas à dire que Rubens fut aussi grand dessinateur que grand coloriste, dessinateur du mouvement et non de la forme seule, ce qui est fort différent. Trop souvent le dessinateur de la forme pétrifie sa figure ; il métamorphose l'être vivant en statue. Le dessinateur du mouvement anime la statue. Cette tête vit, elle peut se mouvoir ; ce bras vit, il va s'allonger ou se raccourcir ; ce corps vit, il est souple et presque mobile. Le dessinateur de la forme excelle dans chacun des détails de son ouvrage. Il fera une attache du bras, de la jambe ou du col plus parfaite, une main plus régulière, un torse mieux modelé, des extrémités plus précises ; mais l'ensemble, composé de toutes ces parties isolément irréprochables, sera condamné, et peut-être bien à cause de la perfection locale de chacune de ces parties, à une sorte de raide immobilité. Le dessinateur du mouvement ne s'occupe pas de chacune de ces lignes, de chacun de ces contours en particulier. Il s'occupe de la grande ligne d'ensemble qui serpente, en jetant une foule de rameaux intermédiaires de la tête aux pieds du modèle. Il n'arrête pas sa ligne ; il l'épaissit et la sculpte. Le grand dessinateur du mouvement évitera le *flamboiement*, cet écueil qu'il rencontre à chaque coup de son crayon, ce défaut dominant de l'école de Vanloo, et en général de toute l'école française du dernier siècle. Il sera à la fois précis et accentué, mobile et en même temps suffisamment retenu. C'est par là surtout que Rubens excelle ; c'est là son grand art. C'est là ce qui fait qu'indépendamment de la couleur il serait encore un grand artiste, et surtout un grand modeleur. Si vous en doutez, consultez plutôt la simple esquisse du portrait dont nous venons de nous occuper, gravée d'après le dessin de M. Metalli,[1] et qui fait partie de la publication de M. d'Azeglio. Ce n'est guère qu'une belle eau forte terminée : est-il possible cependant d'imaginer rien de plus vivant, de plus intéressant et en même temps de plus saillant et de mieux modelé ?

Rubens avait pour ami un alchimiste qui s'appelait Zaccharie Brendel ; ce jeune homme, fanatique comme tous ses pareils de sa prétendue science, s'épuisait sur ses fourneaux, tout entier à la recherche de la pierre philosophale. Étonné de la vivacité d'esprit et de l'adresse de Rubens, il lui dit un jour : « Je suis bien près, mon ami, d'arriver à la précieuse découverte que vous savez ; si un homme aussi intelligent que vous venait me seconder, sans nul doute nous ne tarderions pas à trouver ces trésors qui s'échappent toujours au moment où je pense les saisir. — Je le crois bien, lui répondit Rubens, il y a tantôt vingt ans que moi je suis en possession de cette science et que j'ai trouvé votre pierre philosophale. — En vérité ! — En vérité ; — et ouvrant la porte de son atelier et montrant à son ami ses crayons et ses pinceaux : - Voici, ajouta-t-il, les instruments dont je me suis servi pour la découvrir. »

Rubens ne se trompait pas, ses crayons et ses pinceaux furent l'origine de sa grande fortune ; l'art pour lui n'était pourtant pas un moyen ; il cultiva toujours la peinture avec amour. Aussi l'art ne lui fut-il jamais infidèle. Jouissant d'une grande fortune et proclamé le premier peintre de son temps, Rubens ne pensa pas, comme tant d'autres, que, si les ouvrages font dans le principe la réputation de l'homme, l'homme plus tard fait la réputation de ses ouvrages. Il ne vécut jamais sur sa renommée, pas même dans la seconde partie de sa vie. Il vécut sur son talent, qu'il s'appliqua toujours à fortifier, dans ses missions diplomatiques et à la cour des souverains comme dans le repos de l'atelier.

Si de Rubens nous revenons à l'école italienne, un magnifique portrait de Bronzino, digne pendant du portrait du *cavalier* du peintre flamand, nous servira naturellement de transition. Ce portrait est celui de Cosme Ier de Médicis. Le Bronzino n'est

1 Par M. Lazinio

cependant pas coloriste comme Rubens, il accuse peut-être un peu durement la forme ; mais quel caractère et quelle majesté dans cette précision, quelle force dans cette dureté ! Le fils de Jean des Bandes Noires, le grand et astucieux politique dont on a si justement comparé le caractère à quelqu'un de ces terribles ouvrages de Michel-Ange et de Caravage, où de rares et éblouissantes lumières se détachent puissamment sur de fauves demi-teintes et de larges et noires masses d'ombres, renaît-il tout entier dans ce portrait du peintre de Bianca Capello ? Nous n'osons l'affirmer. Vil courtisan de Charles-Quint et de Philippe II, meurtrier sans foi des Valori et des Albizzi, ses prisonniers de guerre, assassin de Philippe Strozzi, amant incestueux de sa fille, bourreau de son propre fils et de sa femme, Éléonore de Tolède, Cosme Ier a protégé magnifiquement les arts et les lettres ; et les artistes et les écrivains, si facilement reconnaissants, séduits d'ailleurs par quelques grandes et rares qualités, ont jeté le voile de l'oubli sur les crimes du politique et de l'homme privé, pour célébrer le prince ami des arts. Ce beau portrait du Bronzino prouverait au besoin cette partialité intéressée du peuple des artistes à l'égard de ces coupables illustres, de ces hautes et funestes intelligences. Si les poètes chez les Romains ont glorifié Octave et tenté même de réhabiliter Néron, à Florence les historiens et les peintres se sont joints à eux pour tromper la postérité sur le caractère des Médicis et n'immortaliser que leurs vertus.

Le Bronzino lui-même, l'un des familiers du grand-duc comme Vasari, son émule, a dû flatter le prince, homme de goût et protecteur des arts, quand, à l'aide du pinceau, il retraçait son image sur la toile ; mais quelque noblesse qu'il ait imprimée sur son visage, quelque majestueuse douceur qu'il ait voulu donner à son regard, la vérité est restée la plus forte et a vaincu l'art. Le naturel du tyran, qui ne se confiait *qu'en Dieu et en ses mains*, se trahit par la fixité de cette prunelle noire, par l'amincissement de ces lèvres peu colorées, et par ce léger et involontaire froncement de sourcil. Ce cou athlétique, ces larges et fortes épaules, et cette main si belle, mais en même temps si efféminée, dont une bague orne l'un des doigts, dénotent également les instincts physiques et pervers. Un tel homme doit être sensuel jusqu'à la débauche, et on ne saurait s'étonner qu'il ait poussé la luxure jusqu'au raffinement de l'inceste. Comme chez lui la force physique et brutale doit être en lutte continuelle avec la force morale ! Si jamais il lâche la bride à ses passions, l'explosion, quoique sourde, sera terrible ; s'il frappe, il doit tuer.

Le Bronzino fut l'un des peintres florentins les plus renommés de son époque. De nos jours, c'est l'un des moins appréciés. Émule des Allori, des Ridolfo Ghirlandajo, des Benvenuto Cellini, des Bandinelli, des Daniel de Volterre et de tant d'autres, comme eux, il trouva dans Cosme Ier un patron intelligent et magnifique. Si l'Ammirato, le Borghini, l'Adriani et les autres annalistes de l'époque ont célébré le prince ami du grand historien Varchi et créateur de l'académie florentine, il n'est pas surprenant que le Bronzino ait flatté à sa manière, et autant qu'il était en son pouvoir, le protecteur généreux des arts, le fondateur de la galerie des Offices et de tant d'autres somptueux monuments.

Le premier tableau de la galerie de Turin qui arrêtera nos regards à la suite de ces chefs-d'œuvre, c'est le saint Jean Népomucène, de Daniel de Crespi. Le saint confesse à la fois une impératrice et un paysan. L'idée d'égalité chrétienne ne pouvait être exprimée avec plus de simplicité et plus de grandeur. Le prêtre, placé au centre du tableau dans un confessionnal, écoute par l'une des ouvertures latérales la confession de l'impératrice-reine, placée à sa droite. A sa gauche, un paysan agenouillé dans l'autre partie du confessionnal attend que l'impératrice ait reçu l'absolution, et que son tour soit venu. Ce qui ajoute encore à l'intérêt de cette scène, déjà grande par elle-même, c'est la destinée des deux principaux acteurs, du saint et de l'impératrice ; Le saint est l'un des martyrs les plus éclatants du secret de la confession. Chanoine de Prague et confesseur de sa souveraine, Jean fut sollicité à diverses reprises par l'empereur Venceslas, qui soupçonnait sa femme de nourrir un amour adultère pour l'un des seigneurs de sa cour, de lui livrer le secret de la confession de l'impératrice. Jean résista aux menaces et aux séductions. L'empereur, voyant qu'il ne pouvait rien tirer du saint homme, le fit jeter dans la Moldaw. C'est à cette occasion que le chanoine Jean fut canonisé sous le nom de saint Jean Népomucène, de Nepomuck, sa ville natale.

La manière de Daniel de Crespi rappelle beaucoup celle de Lesueur. On trouve dans ses compositions religieuses la même simplicité d'effet et de moyens, la même onction et quelquefois la même suavité évangélique. Dans ce tableau de saint Jean Népomucène, la figure mélancolique et résignée du saint exprime assez finement quelle doit être sa destinée ; c'est un martyr et un martyr du dogme religieux plutôt qu'un martyr de générosité humaine ou chevaleresque. Il pourrait parler, en effet, sans perdre sa royale pénitente ; la piété de celle-ci, est trop calme, trop confiante, pour qu'elle soit coupable. L'extrême sobriété dans l'emploi des accessoires semble l'un des caractères particuliers du talent de Daniel de Crespi et rapproche encore sa manière de celle de Lesueur. Quels sont les accessoires dans ce tableau de *la Confession* ? Le chapelet que tient l'impératrice, le livre de prières du saint et le bâton du paysan. Daniel de Crespi est du nombre de ces artistes privilégiés qui disposent de la lumière, et par conséquent du relief, sans effort, et qui avec la plus grande économie de moyens obtiennent souvent un effet vraiment surprenant. Daniel de Crespi s'était fait en outre une loi de ne jamais employer dans ses compositions un personnage qui ne fait pas nécessaire à l'action. Toute sa vie il resta fidèle à ce principe. Si l'on enlève de l'un de ses tableaux n'importe quel personnage, l'intérêt de la composition est aussitôt détruit, l'action même n'existe plus. Cette règle de l'unité d'action, appliquée à l'art de la peinture, ne fut jamais une entrave pour lui ; elle contribua au contraire à donner de la sûreté et de la solidité à son talent, dans une époque de relâchement et de décadence. Que l'on consulte en effet ses fresques de la Chartreuse de Milan. Comme Lesueur, Daniel de Crespi a retracé sur les murailles du cloître l'histoire de saint Bruno, fondateur de l'ordre. Il y aurait une comparaison fort intéressante et fort curieuse pour l'histoire de l'art à faire entre cette double suite de compositions simples, énergiques, et surtout consciencieuses. Daniel de Crespi l'emporterait sans doute par la science du clair-obscur et la magie de l'effet, Lesueur par la grandeur de la pensée, la noblesse de l'ordonnance, le calme de l'ensemble. Le chef-d'œuvre de Lesueur, c'est *la Mort de saint Bruno* ; le chef-d'œuvre de Daniel de Crespi, c'est *la Résurrection du docteur Raymond*, chanoine de Paris. La terreur, déjà poussée si loin dans le tableau de Lesueur, est portée à son comble dans la composition de Daniel de Crespi. Nous devons ajouter qu'on ne trouve cependant pas dans le tableau de ce dernier une seule figure qui, pour la profondeur de la pensée, puisse être comparée au *saint Bruno* de Lesueur joignant les mains et les yeux fixés sur l'effrayant visage du damné. On y lit une révolution intérieure, une conversion. En revanche, Daniel de Crespi a su tirer un merveilleux parti de l'entente du clair-obscur, que Lesueur néglige souvent. On a trouvé également une singulière analogie[1] entre la manière de Daniel de Crespi et celle de Murillo, mais sous le seul rapport de l'exécution matérielle. Ses lumières sont empâtées avec la même puissance que chez le peintre espagnol ; les ombres seules sont moins transparentes et trahissent plus d'indécision dans la brosse ; l'ensemble est moins doré.

La galerie de Turin compte au nombre de ses plus beaux ornements plusieurs tableaux de Paul Véronèse. Le morceau capital de ce peintre à la *Reale Galeria* est une grande composition dans le genre des noces de Cana, de la Samaritaine ou du repas chez Simon le lépreux. On retrouve dans cette page immense toute la vivacité de sa brillante imagination, toute la splendeur de son coloris, toute la magnificence de ses ajustements et de ses décorations. Ses personnages y portent la tête avec cette majesté quelque peu dédaigneuse qu'aimait à leur donner ce peintre de l'aristocratie vénitienne ; ses femmes y ont cet air svelte et superbe, cette ampleur orientale de vêtement, cette éblouissante fraîcheur de carnation, qui distinguaient ses nobles modèles ; enfin la lumière est répandue sur toute cette toile avec la prodigalité d'un homme qui sait que, dans ce genre, sa richesse est inépuisable. L'éclat du jour rayonne sur cette foule de personnages d'attitudes si diverses, sur ces colonnes jaspées d'azur et de rose, et sur chacun de ces innombrables accessoires si heureusement disposés. C'est la nature dans toute sa pompe, illuminée par les reflets azurés de ce ciel d'une transparence vraiment divine et si richement lamé d'argent.

Paul Véronèse soutient presque à lui seul la gloire de l'école vénitienne dans la galerie piémontaise. Le Titien n'y est représenté que par une composition d'un mérite tout-à-fait secondaire, et Giorgione, son rival, et son maître s'il eût vécu, par un portrait

---

1 L'analogie est si grande, que quelques connaisseurs, jugeant un peu superficiellement, M. Valery entre autres, ont attribué à Murillo ce, tableau de Daniel de Crespi.

d'une authenticité fort contestable. Palma Vecchio, auteur d'une belle Sainte Famille entourée de saints et de saintes, mérite seul d'être distingué après le grand artiste de Vérone.

Les tableaux des écoles hollandaise et allemande, que l'on voit à la Galerie royale de Turin, sont nombreux et la plupart d'un mérite rare. C'est là que se trouvent peut-être les portraits de Van-Dyck les plus achevés : le prince Thomas à cheval et les enfants de Charles Ier. Le portrait de ce monarque, par son élève Daniel Mytens, pourrait être pris pour un des ouvrages de ce portraitiste sublime. C'est la nature dans toute sa simplicité majestueuse ; l'œil du prince semble mobile, sa bouche va s'ouvrir, son bras se lever ; l'architecture seule du fond est un peu lourde et n'a pas l'aspect d'aisance magistrale du reste de ce tableau.

Plusieurs compositions de Gérard Dow, entre autres la Femme à la grappe de raisin et le Médecin, sont du meilleur temps de ce maître et remarquables par cette prodigieuse finesse d'exécution qui distingue ses moindres tableaux, et qui ne nuit jamais à l'effet d'ensemble. Les Berghem, les Teniers, les Breughel, les Freedeman de Vries, les Ostade et les Both d'Italie y sont nombreux et choisis. *Les Joueurs de Flûte* d'Isaac Van Ostade sont sans doute un admirable petit tableau qui ne peut manquer de plaire à ceux qui aiment la nature toute naïve, quelque disgracieuse qu'elle soit ; l'on conçoit néanmoins qu'à la vue de semblables figures Louis XIV se soit écrié :

— Qu'on enlève ces magots !

La perle de l'école flamande, c'est le portrait dit du *Bourguemestre*, que M. d'Azeglio attribue à tort à Nicolas Maas, et qui est bien de Rembrandt. Ce tableau a vivement occupé l'esprit conjectural des érudits piémontais ; les uns l'ont attribué à Rubens, d'autres à Van-Dyck. Un autre écrivain reconnaît qu'il est bien de Rembrandt, mais à quel propos ajoute-t-il que ce portrait est celui de Théodore de Bèze ? La preuve de cette assertion ne serait pas facile à fournir, Rembrandt n'étant né qu'en 1606, un an après la mort du fameux apôtre de la réforme. Quoi qu'il en soit, ce tableau est bien de Rembrandt ; il l'a signé, sinon matériellement, du moins avec son talent.

Les meilleurs paysages de la Galerie de Turin sont ceux de Claude

Lorrain et de Roth d'Italie. Claude Lorrain est toujours ce grand magicien que nous connaissons, ce peintre de la lumière, de la paix, de l'étendue et du bonheur, qui, à l'aide du pinceau et de la palette, sait donner au ciel son éclat, à l'air sa transparence, aux eaux leur limpidité, à l'horizon sa profondeur. Les Italiens, dans leurs sonnets, ont dit de lui que, comme Josué, il avait arrêté le soleil ; il est fâcheux que sa puissance se soit bornée là, et qu'il n'ait pas su animer les personnages qui peuplent les devants de ses compositions. Les joueurs de flûte de son magnifique tableau du *Pont ruiné* ont toute la raideur de petites figures de bois[1] ; ils dépareraient ce beau paysage, si l'harmonie de la couleur des vêtements et du ton des chairs, d'accord avec celle de l'ensemble du tableau, ne rachetait l'imperfection de la forme. Ce dernier tableau de Claude Lorrain a été gravé dans la collection de M. d'Azeglio par le professeur Bulli. La touche du graveur est trop maigre et trop comptée, et les terrains n'ont ni la solidité ni l'épaisseur suffisante ; l'ensemble, néanmoins, est assez harmonieux.

Quelques-uns des riches reflets de cette lumière qui inonde les tableaux de Claude Lorrain illuminent ceux du Flamand Jean Both, dit Both d'Italie. Sa manière est néanmoins fort différente de celle du peintre français. Si l'un est poète, l'autre est naïf ; si celui-ci sacrifie tout à l'effet d'ensemble, celui-là néglige cet effet, tout occupé qu'il est des moindres finesses de détail. Jean Both, le plus brillant des disciples d'Abraham Bloëmart, quoique inférieur à Claude Lorrain, s'est élevé au-dessus de cette foule d'artistes du second ordre qu'a produits l'école hollandaise ; il vit l'Italie et la comprit, sinon complètement, du moins dans quelques-unes de ses plus secrètes et de ses plus mystérieuses beautés. La liberté d'esprit, le repos de la conscience, le temps enfin, lui manquèrent pour devenir un artiste vraiment supérieur. Coupable d'un crime, il l'expia d'une manière tragique, et se noya avant d'avoir atteint sa quarantième année.

Les historiens de l'école hollandaise nous racontent à cette occasion l'étrange anecdote qui suit. Durant leur séjour à Rome, Jean Both, son frère André, les deux Laar et un autre artiste

---

[1] Claude Lorrain avait plutôt le sentiment que l'adresse de l'art. Il n'avait jamais pu apprendre à lire, et ne savait pas même signer son nom ; il faisait très péniblement ses personnages, dont il reconnaissait l'imperfection. « Je vends le paysage, je donne les figures, » disait-il en riant à ses amis, qui le critiquaient à ce sujet.

hollandais, ayant passé une de leurs soirées à jouer et à s'enivrer, se retiraient, vers le milieu de la nuit, de la taverne où ils étaient réunis, par une de ces rues qui longent le Tibre. Tout en cheminant, ils chantaient ou tenaient des propos obscènes, quand tout à coup ils firent la rencontre d'un prêtre. Celui-ci, voyant des gens ivres, chose de tout temps fort rare dans Rome, se jeta au-devant d'eux et commença assez intempestivement à les sermonner. Ces jeunes gens, loin d'être touchés de son éloquence, répondirent à ses véhémentes apostrophes par des injures. L'un d'eux, par forme de plaisanterie, ayant même poussé le cri de la canaille romaine : *Au Tibre ! au Tibre !* ses compagnons, dont tout à la fois le vin et la colère troublaient la raison, mirent subitement à exécution cette menace jetée inconsidérément. Ils saisirent le malheureux prêtre, et, s'approchant d'un des quais du Tibre, le précipitèrent dans les flots. Le lendemain, quand la raison et le sang-froid leur furent revenus, ils détestèrent leur coupable égarement, firent leurs adieux à Rome et s'enfuirent chacun de son côté. Mais, racontent les mêmes historiens, à défaut de la justice humaine, la justice divine s'était chargée de les poursuivre ; tous ceux qui avaient participé au meurtre du prêtre périrent d'une mort tragique. Pierre de Laar le premier tomba dans un puits et se noya ; son jeune frère trouva la mort dans un torrent où il fut précipité ; André Both se noya à Venise dans la lagune ; enfin Jean Both, dit Both d'Italie, et l'autre artiste hollandais périrent tous deux dans un naufrage.

Les vieux maîtres de l'école allemande pourraient rivaliser avec ces maîtres de l'école hollandaise, dont ils furent les précurseurs, sinon par la quantité, du moins par la qualité des compositions sorties de leurs ateliers, qui enrichissent le musée de Turin. Albert Durer, Aldegraver, Holbein et quelques-uns de leurs élèves y ont de leurs meilleurs ouvrages. Un *Ermite en prière* d'Albert Durer, portrait en pied de quelque religieux inconnu, et *la Visitation* d'Aldegraver, le meilleur des imitateurs du grand maître de Nuremberg, sont les deux morceaux de ce genre les plus curieux. *La Visitation de la Vierge à sainte Élisabeth* est un de ces précieux chefs-d'œuvre de naïveté, de conception et de finesse d'exécution qu'on rencontre à de longs intervalles dans les musées de ces vieilles cités du centre de l'Allemagne. L'admirable conscience de l'artiste, son angélique pureté morale, la science souvent poussée jusqu'au pédantisme le plus raffiné, dans l'exécution des draperies surtout, brillent dans l'ensemble et dans chacune des parties de ce beau tableau. Le paysage, par exemple, si souvent négligé comme accessoire dans les ouvrages de ce genre, est un chef d'œuvre d'agencement et d'exécution. Cette belle habitation gothique, placée sur la cime d'une colline et dominant un chemin montueux que bordent de maigres arbustes, nous reporte en plein moyen-âge. Un simple détail cependant date le tableau et nous apprend que nous touchons à l'époque de transition de ces temps reculés aux temps modernes. Ce sont les ailes d'un moulin à vent que l'on entrevoit à l'horizon sur une colline. Comme Dante dans son poème, les peintres religieux faisaient entrer toute leur époque dans leurs compositions, qui réunissent de cette façon à la profondeur de conception et à la naïveté d'exécution un intérêt de curiosité et d'érudition des plus puissants. Ce tableau d'Aldegraver, dessiné par M. Metalli, a été gravé par M. Lazinio. Cette petite gravure réunit à un degré rare l'habileté du praticien moderne et l'intelligence de l'époque. On dirait une des admirables et naïves esquisses de Lucas de Leyde. Les premiers plans seuls sont faibles ; les brisures du terrain ressemblent trop aux plis d'une étoffe, la maigreur des plantes est aussi par trop exagérée.

Les portraits de Jean Calvin et de Marguerite de Valois par Holbein ressemblent à tant d'autres portraits du même peintre. C'est la nature prise sur le fait, avec une sorte de bonhomie sublime, mais souvent aussi avec maigreur et petitesse. On voudrait dans cette façon de représenter la nature un peu plus de mouvement et de vie. L'œil de l'artiste a *daguerréotypé* son modèle, n'oubliant ni un cheveu, ni un poil de la barbe, ni un pli de la chair, ni une verrue ; il a seulement oublié de l'animer.

L'examen rapide auquel nous venons de nous livrer peut faire juger de l'importance de la nouvelle galerie piémontaise. C'est, en effet, après les musées du palais des *Studj* à Naples et du Vatican à Rome, l'une des collections les plus curieuses par le choix et la variété des ouvrages qu'elle renferme, qui se soit ouverte, dans ces dernières années, par-delà les Alpes. L'Italie est toujours le pays des beaux arts par excellence ; si elle ne produit plus que de rares chefs-d'œuvre, elle connaît le prix de ceux qu'elle possède, elle sait les faire valoir, et en faire jouir les autres.

Qu'on nous permette de terminer par une réflexion que nous livrons au bon sens ou plutôt au bon goût de ceux de nos artistes qui soutiennent avec tant d'ardeur l'honneur de l'école française, de ceux particulièrement que l'excellence des écoles étrangères, des écoles primitives surtout, semble parfois trop exclusivement préoccuper. Voici vingt peintres, tous de manières et de mérites différents, dont nous avons analysé et apprécié les chefs-d'œuvre, et qui, à l'aide des procédés les plus divers et en se livrant à l'impulsion particulière de leur génie, ont su nous intéresser et nous plaire. C'est donc surtout à l'originalité que chacun d'eux doit, de nos jours, cette espèce de consécration du succès qu'il obtint dans son temps. La base de l'originalité, c'est l'étude de la nature plus encore que celle des grands maîtres. Au lieu d'étudier exclusivement, souvent même de copier Masaccio, Frà Angelico, Giotto, Raphaël ou Albert Durer, l'artiste intelligent s'inspirera donc de la nature, cette intarissable source du beau où, de son temps, chacun de ces maîtres a puisé ; s'il désertait les leçons de ce premier des modèles pour celles des rares génies qu'il a formés, il renoncerait par cela même à l'originalité, et se rangerait dans la classe des artistes secondaires. Son imitation aurait beau s'attacher aux premières époques de l'art, elle ne serait pas moins une imitation. Qu'un artiste de cette espèce s'inspire d'une fresque de Pompeia ou du Campo-Santo, d'un tableau de Cimabuë ou d'un carton de Raphaël, quand bien même le résultat de son imitation ne serait ni un calque ni un pastiche, ce ne serait pas non plus une œuvre originale.

ISBN : 978-1725608849

www.ingramcontent.com/pod-product-compliance
Lightning Source LLC
Chambersburg PA
CBHW070945220526
45469CB00007B/2523